Alle guten Wünsche ...

»Alles Gute!«
Das mag nach Allerweltswunsch klingen,
doch was kann einem Besseres passieren,
was kann man Schöneres wünschen
als alles Gute?!
Darin steckt eine ganze Menge,
darin steckt eben ALLES!
Darum: Von Herzen ...
alles Gute, alle guten Wünsche!

Eine Freude
vertreibt hundert Sorgen.

Östliche Weisheit

*Alle guten Wünsche ...
und viel Freude an jedem neuen Tag!*

Ruhe und Arbeit
sind Schwestern,
die einander gut verstehen.

Charles Péguy

*Alle guten Wünsche ...
und immer wieder Zeit zum Ausruhen!*

Glück ist dort,
wo man Glück schenkt.

Jeremias Gotthelf

Alle guten Wünsche ...

und ganz viel Glück!

Wo es Liebe gibt,
beginnt das Schenken.

Albino Luciani

Alle guten Wünsche …
und immer wieder
ein unverhofftes Geschenk!

Jeder Augenblick
ist von unendlichem Wert.

Seneca

*Alle guten Wünsche …
und den Blick
für die Farben des Augenblicks!*

Einzeln sind wir Worte,
zusammen ein Gedicht.

Georg Bydlinski

𝒜lle guten Wünsche ...
 und die Erfahrung
 einer Gemeinschaft, die trägt!

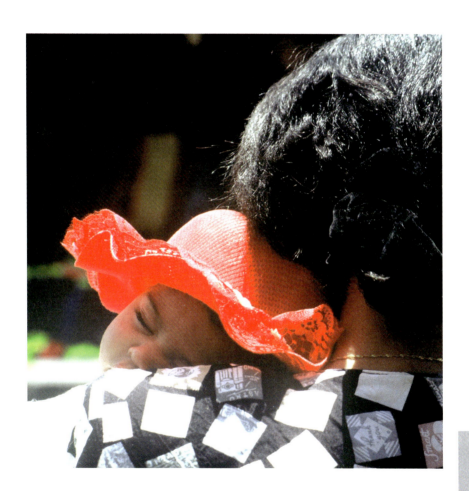

Wer nicht hofft,
wird nie dem Unverhofften begegnen.

Julio Cortazar

*Alle guten Wünsche ...
und Zuversicht für das, was kommt!*

Wer vertraut,
braucht sich
nicht hetzen zu lassen.

Martin Buber

*Alle guten Wünsche ...
und die Gabe der Gelassenheit!*

Auf dem Grund des Lächelns
schwimmt eine Träne.

Charlie Chaplin

*Alle guten Wünsche …
und die Gabe, zu lachen und zu weinen!*

Glück ist Liebe,
nichts anderes.
Wer lieben kann,
ist glücklich.

Hermann Hesse

*Alle guten Wünsche ...
und immer wieder die Erfahrung
geliebt zu sein und lieben zu können!*

Gedanken – Die kleinen Geschenke aus dem Verlag Neue Stadt
Zusammengestellt und herausgegeben von Gabriele Hartl

Weitere Gedankenhefte unter www.neuestadt.com:
Geburt, Hochzeit, Hochzeitsjubiläum, Geburtstag, Namenstag, Taufe, Ruhestand, Dank, Gute Besserung, Irische Segenswünsche, Weihnachten, Kondolenz u. v. m.

Textnachweis: S. 14: Aus: „Wir", veröffentlicht in: Georg Bydlinski, Zimmer, aus: Licht, Edition Atelier, Wien 1999, © Georg Bydlinski.

Bildnachweis: Umschlagabbildung: Manuela Neukirch; S. 4/5 (s. auch S. 3): Sibille Victoria Müller; S. 6/7: Herbert Schwind; S. 8/9; 12/13; 20/21 (s. auch S. 3): Heinz Ney; S. 10/11: Antje Schrader; S. 14/15: Heinz Ney; S. 16/17 (s. auch S. 3): Rauch Color-Dia; S. 18/19: Andrew Cowin; S. 22/23: Christine Keim.

Neuausgabe 2016
© Alle Rechte für Auswahl und Gestaltung
   bei Verlag Neue Stadt GmbH, München
Layout: Stefan Liesenfeld
Druck: Joh. Walch GmbH & Co KG, Augsburg
ISBN 978-3-7346-1103-2

www.neuestadt.com